NOTIONS PRATIQUES

COMMERCIALES ET INDUSTRIELLES

1
LES CHÈQUES

DÉFINITION DU CHÈQUE

SON UTILITÉ — SA FORME — SES GARANTIES

Obligations du tireur, des endosseurs, du porteur et du tiré

RENSEIGNEMENTS PRATIQUES ET DOCUMENTS STATISTIQUES

TEXTE DES LOIS SPÉCIALES

JURISPRUDENCE

DÉCISIONS — JUGEMENTS ET ARRÊTS

Prix : 1 franc

PARIS

CHEZ L'AUTEUR

AU BUREAU DU JOURNAL *LE GAZ*

66, FAUBOURG MONTMARTRE, 66

1874

NOTIONS PRATIQUES

COMMERCIALES ET INDUSTRIELLES

1

LES CHÈQUES

DÉFINITION DU CHÈQUE

SON UTILITÉ — SA FORME — SES GARANTIES

Obligations du tireur, des endosseurs, du porteur et du tiré

RENSEIGNEMENTS PRATIQUES ET DOCUMENTS
STATISTIQUES

TEXTE DES LOIS SPÉCIALES

JURISPRUDENCE

DÉCISIONS — JUGEMENTS ET ARRÈTS

Prix : 1 franc

PARIS

CHEZ L'AUTEUR

AU BUREAU DU JOURNAL *LE GAZ*

66 FAUBOURG MONTMARTRE, 66

1874

LES CHÈQUES

INTRODUCTION

La loi de Finance du 19 février 1874 a élevé de 0 fr. 10 à 0 fr. 20 le droit de timbre des chèques tirés de place à place.

Déjà, en 1871, un droit de timbre de 0 fr. 10 avait été établi d'une manière générale sur les chèques, bien que la loi du 14 juin 1865, qui les a créés, ait stipulé qu'ils seraient exempts de tout droit de timbre pendant 10 ans.

Les discussions qui ont eu lieu à l'Assemblée, en 1874, au sujet de cet impôt, n'ont pas jeté un jour suffisant sur cette matière aussi délicate qu'importante. Elles ont toutefois attiré l'attention sur un instrument de circulation monétaire très-apprécié à l'étranger, notamment en Angleterre, par le commerce, l'industrie et la finance.

Au moment où les affaires semblent reprendre, il paraît opportun d'édifier complétement les personnes qui n'ont qu'une idée imparfaite des chèques, et d'indiquer à celles qui s'en servent habituellement, les prescriptions nouvelles dont la loi de 1874 leur impose l'exécution.

Les lois qui déterminent l'organisation et le fonctionnement des chèques en France sont les lois des **14 juin 1865**, **23 août 1871** et **19 février 1874**.

On trouvera plus loin les textes complets de ces lois. Nous en reproduirons d'ailleurs les termes aussi souvent que cela sera nécessaire pour la clarté de nos explications.

Cette brochure se divisera en 7 paragraphes, savoir :
1° Définition du chèque ;
2° Son utilité ;
3° Sa forme ;
4° Ses garanties ;
5° Obligations du tireur, des endosseurs, du porteur et du tiré ;
6° Renseignements pratiques et documents statistiques ;
7° Textes des lois ;
8° *Jurisprudence.* — Décisions de la direction de l'enregistrement, jugements et arrêts.

§ Ier

DÉFINITION DU CHÈQUE

Toute opération de commerce ou de banque n'est qu'un échange de valeurs.

Si les valeurs échangées sont toujours considérées comme égales par les personnes qui font l'opération, ces valeurs ne sont pas toujours susceptibles d'un usage actuel.

Lorsque le directeur d'une mine de houille vend du charbon à un industriel et qu'il reçoit en payement de l'argent, les deux valeurs échangées sont réelles, présentes et immédiatement réalisables. L'industriel peut consommer le charbon, le chef de la mine peut, avec l'argent, payer ses ouvriers, ou acheter les machines nécessaires à l'exploitation.

Mais, si au lieu d'argent, le propriétaire de la mine accepte en payement un effet à terme, les conditions ne sont plus les mêmes.

La mine a livré une valeur *fongible* que l'acquéreur transforme à sa volonté par l'usage qu'il en fait, et elle n'a entre les mains, comme contre-partie, qu'une *promesse* de payement. Dans ce cas donc, pour jouir du produit de la vente, il faut ou que le vendeur attende le payement en espèces à l'échéance convenue, ou qu'il escompte le montant de cette échéance à une tierce personne. Cette tierce personne doit avoir confiance, tout à la fois, dans la solvabilité du débiteur et dans celle de la mine qui négocie l'effet.

Aussi toutes les *valeurs à terme* sont-elles basées sur la confiance, et nommées pour cela des *valeurs fiduciaires*.

Donc, il n'y a que deux modes de payement : le payement comptant et le payement à terme.

Le payement comptant s'effectue par la remise de la somme d'argent estimée équivalente à l'objet acheté. Le payement à terme donne lieu, au contraire, à toute une organisation de mouvements de crédit.

Comme on vient de le voir, la *remise* de l'argent constitue la condition substantielle du payement comptant. Cette remise réelle et immédiate est, en fait, parfois difficile. Si la somme due représente un poids considérable de numéraire, si elle est importante, l'acquéreur l'aura déposée, pour plus de commodité et de sûreté, chez son banquier ; elle peut aussi lui être due par un débiteur quelconque.

On comprend alors que, dans ces circonstances, l'acquéreur offre à son vendeur d'aller toucher lui-même, chez le banquier, la somme promise, et qu'il lui remette, à cet effet, une DÉLÉGATION *pour retirer les fonds de chez la personne qui en est dépositaire.*

Cette délégation ou bon de caisse diffère essentiellement de *l'effet de commerce* à terme dont nous parlions tout à l'heure. Avec elle, aucun doute possible sur la solvabilité du débiteur, puisqu'il n'y a aucune demande de délai. La somme pour laquelle on reçoit le bon est reconnue disponible aux mains de la personne chargée de payer.

Or, cette délégation permettant d'aller toucher, sans délai, à un endroit fixé, telle somme déterminée, *c'est le chèque.*

L'art 1er de la loi du 14 juin 1865 définit ainsi le chèque :

« Le chèque est l'écrit qui, sous la forme d'un « mandat de payement, sert au tireur à effectuer le « retrait, à son profit ou au profit d'un tiers, de tout « ou partie de fonds portés au crédit de son compte « chez le tiré, et disponibles. »

Contrairement à ce que beaucoup de personnes ont pensé, contrairement à un usage qui a tenté de s'introduire dans la pratique financière, *le chèque n'est pas un instrument de crédit, c'est un instrument de payement ;* c'est une facilité de mouvement de caisse.

Avoir un chèque entre les mains, c'est, au point de vue légal, absolument comme si l'on détenait l'argent qu'il représente.

Nous examinerons tout à l'heure les prescriptions que la loi a établies pour assurer toutes les garanties possibles aux porteurs du chèque. Pour ne pas interrompre l'ordre de notre exposition, nous allons faire ressortir les avantages du payement en chèque substitué au payement en numéraire.

---

§ 2

UTILITÉ DU CHÈQUE

L'emploi du chèque présente des avantages réciproques : pour le propriétaire de la somme déposée, pour celui qui la reçoit en payement, et pour le dépositaire des fonds.

Au point de vue économique et général, cette substitution à la monnaie d'argent de la monnaie de papier (qu'il ne faut pas confondre avec le papier-monnaie), produit une grande économie dans le mouvement du numéraire, et permet de réaliser des opérations considérables sans déplacement d'argent.

Examinons successivement chacun des points ci-dessus indiqués.

Par une sorte d'usage général, il n'y a presque personne qui, le pouvant, ne conserve chez soi, en sus de l'argent nécessaire aux besoins journaliers, une certaine somme disponible. Cette somme improductive et exposée à des risques nombreux de perte, ne rentre dans la circulation que le jour où celui qui la possède croit pouvoir en faire un emploi fructueux.

Le stock de numéraire des commerçants et des industriels est beaucoup plus considérable encore que celui des simples particuliers; car, afin de ne pas se trouver pris au dépourvu, ils ont presque toujours en caisse des sommes assez fortes. Lorsque toutes ces sommes improductives sont placées en chèques, elles deviennent une puissante ressource pour le commerce et l'industrie, au service desquelles elles sont déposées. On arrive ainsi à donner une force réelle à de petits capitaux qui, isolés, resteraient entièrement inutiles.

L'habitude française est que chaque maison fasse elle-même ses recouvrements et effectue ses payements. Aussi le plus petit commerçant a-t-il des écritures compliquées qui absorbent son attention, et dont il ne se tire pas toujours à son avantage. De plus, lorsque l'on se sent de l'argent en caisse, on est souvent tenté d'en faire un emploi peu nécessaire.

On peut avancer d'une manière certaine que la plupart des faillites du petit commerce ont pour cause première le défaut d'ordre dans les écritures, et l'inexpérience des mouvements de caisse.

Le chèque est une utile sauvegarde contre un pareil danger.

Rien ne serait plus facile pour le commerçant que de faire choix d'un banquier ou de l'un de nos principaux établissements de crédit, et de le charger d'encaisser toutes les quittances sur ses clients, comme de payer tous ses effets. Quant aux payements qui pourraient lui être demandés, à sa maison de commerce, il les acquitterait en chèques sur son banquier.

L'établissement financier chargé de ces mouvements de caisse prélèvera certainement une rémunération ; mais les frais qui en résulteront seront plus que largement compensés par la réduction du personnel de la maison de commerce, par l'exonération des risques d'erreur et de perte, par le produit des intérêts des sommes déposées, et surtout par l'exactitude des écritures.

La production de son relevé de compte avec le banquier permettra au commerçant de connaître exactement sa situation, et d'en justifier d'une manière rapide et authentique, s'il a besoin de recourir au crédit.

Ce que nous venons de dire du propriétaire du chèque s'applique aussi à celui qui le reçoit. La personne qui a accepté un chèque peut, selon ses convenances, ou en toucher le montant chez le dépositaire, ou transmettre le chèque en payement à une seconde personne, qui sera libre, elle-même, de le passer à une troisième, et ainsi de suite.

Enfin, la situation du dépositaire n'est pas moins bonne.

Le dépositaire peut être, soit un banquier, soit tout particulier, qui s'est reconnu, vis-à-vis du souscripteur du chèque, débiteur ou dépositaire en mesure d'acquitter le montant de la dette ou du dépôt.

Si c'est un banquier, les fonds qu'il a reçus ainsi en compte entrent dans le mouvement de ses affaires. A la condition de ne les utiliser qu'en emplois facilement réalisables, il profite de l'écart entre le produit de ces placements et le taux de l'intérêt qu'il sert au déposant.

1.

Si le dépositaire est un débiteur ordinaire, bien qu'il ait perdu la faculté de disposer de la somme due, il n'en profite pas moins des intérêts de cette somme depuis le jour où il a avisé qu'elle était disponible jusqu'à celui où le chèque lui est présenté.

Ces divers avantages, qui sont très-réels au point de vue des intérêts particuliers, prennent des proportions considérables lorsqu'on les généralise, et qu'on les envisage dans leur ensemble avec les mouvements économiques.

Le chèque représentant non un crédit, mais la propriété d'une somme d'argent, circule souvent entre les mains de plusieurs créanciers successifs évitant, chaque fois qu'il change de porteur, un déplacement de numéraire égal au montant de la somme pour laquelle il est tiré. Il arrive même quelquefois qu'il est éteint sans que le numéraire ait bougé de place.

En effet, lorsque le chèque mis en circulation arrive en la possession d'une personne qui a elle-même un compte de chèque chez le tiré dépositaire, l'opération se solde, non par une remise d'argent, mais simplement par un passage d'écriture, au débit du tireur et au crédit du porteur, de la somme inscrite au chèque.

Ainsi donc, *sur la seule vue d'un écrit attestant que telle somme d'argent est réellement déposée dans un établissement de crédit déterminé,* des opérations nombreuses et considérables se soldent *sans numéraire.*

Il a été énoncé à l'Assemblée, lors de la discussion de la loi du 19 février 1874, que chaque semaine, à Londres seulement, 150 millions de livres sterling, soit 3 milliards 750 millions, sont compensés à l'aide de chèques.

Cette somme, qui représente la totalité des exportations annuelles de la France, donne, multipliée par 52 semaines, près de 200 milliards. Ainsi donc, la seule ville de Londres économise chaque année, par l'usage du chèque, un mouvement de numéraire de 200 milliards.

---

§ 3

FORME DU CHÈQUE

Le chèque doit être, autant que possible, écrit sur un papier de la dimension des effets de commerce, au timbre de 0 fr. 10 quand le mandat doit être payé sur la place d'où il est tiré, et au timbre de 0 fr. 20 lorsqu'il est tiré d'un lieu sur un autre.

Dans ce dernier cas, il suffit d'ajouter au timbre fixe de 0.10 précédemment apposé sur le chèque un timbre mobile de quittance de 0.10 que le souscripteur oblitère comme on le fait sur une quittance ordinaire.

Le chèque doit porter en tête le nom du dépositaire des fonds ; l'indication du lieu d'où il a été tiré, et, en *toutes lettres de la main du souscripteur* du chèque, la date du jour où il est tiré.

La souscription est celle des lettres de change ordinaires.

Paris, le   187   B. P. F.

CRÉDIT LYONNAIS

Payez à l'ordre de   ou au porteur

la somme de

X...

Il ne peut être tiré qu'à vue.

Il peut être souscrit au porteur ou au profit d'une personne dénommée ;

Il peut être souscrit à ordre et transmis même par voie d'endossement en blanc ;

Il peut être tiré d'un lieu sur un autre, ou sur la même place.

Enfin, comme l'administration du timbre conteste le privilége du chèque aux ordres de payement à vue énonçant qu'ils sont émis en remboursement de marchandises, *il ne faut porter sur le chèque aucune indication de valeurs fournies.*

Les établissements financiers et les maisons particulières de banque qui reçoivent des comptes de chèques, remettent à celui qui leur dépose des fonds, un petit registre à souche contenant une série de chèques numérotés, imprimés et timbrés.

Lorsque le titulaire du registre veut retirer des fonds ou donner un chèque en payement, il n'a qu'à remplir en *toutes lettres* les blancs laissés dans le texte et à signer.

Il reporte ensuite sur un petit carnet de poche, remis aussi *ad hoc*, le montant de chaque chèque tiré et, d'autre part, les sommes versées par lui au banquier. La balance, entre le crédit et le débit de ce compte, donne au déposant sa situation, et l'empêche de disposer par erreur sur le dépositaire sans provision suffisante.

Les établissements de crédit sont dans l'usage de délivrer, en outre, contre chaque versement, une quittance spéciale, séparée et timbrée à 0fr. 10. Ils n'admettent que cette quittance pour faire foi du crédit du déposant, quelles que soient d'ailleurs les énonciations portées au carnet de poche.

Il importe donc de conserver avec soin ces quittances. Du reste le compte du déposant peut être mis à jour et vérifié sur la demande du titulaire, autant de fois qu'il le désire.

---

§ 4

GARANTIES DU CHÈQUE

Le chèque étant payable à vue, son porteur ou bénéficiaire ne court aucun risque relativement aux changements d'état qui peuvent affecter la solvabilité du débiteur.

Le seul aléa réside dans la question de savoir si la somme inscrite sur le chèque est bien réellement déposée chez le tiré, et si elle y est disponible.

La loi du 19 février 1874 a augmenté à cet égard les garanties que sont en droit de réclamer les porteurs de chèques.

Aux termes de l'art. 6 de la loi du 14 juin 1865, l'émission d'un chèque sans provision préalable était passible d'une amende de 6 0|0 de la somme portée au chèque, sans préjudice de l'application des lois pénales, s'il y avait lieu.

L'art. 6 de la loi du 19 février 1874, maintient l'amende et les peines correctionnelles, mais elle ajoute que l'amende ne sera pas moindre de 100 francs.

Afin d'éviter que des conventions particulières entre les intéressés n'enlèvent au chèque son caractère d'instrument de payement *pour en faire un moyen de crédit*, l'art. 5 de la loi du 19 février 1874 dispose que : *« toutes stipulations entre le tireur, le bénéficiaire ou le « tiré, ayant pour objet de rendre le chèque payable au- « trement qu'à vue et à première réquisition, seront nulles « de plein droit. »*

Ainsi donc un débiteur qui remettrait à son créancier un chèque, en lui demandant de ne le toucher qu'à un jour déterminé, autre que celui de la souscription, s'exposerait à ce que le porteur, ou un endosseur, ne tenant aucun compte de l'engagement pris, présentât le chèque, avant le jour indiqué, et le fît protester faute de payement.

Du reste ce ne serait pas là la seule conséquence de la violation de la loi. Si les conventions prévues par l'article 5 précité étaient aggravées par l'inexécution des formalités voulues et dont il sera parlé au § 5 (mise en toutes lettres de la date, etc., etc., il y aurait lieu à des amendes.

S'il n'est pas, pour une cause quelconque, satisfait au payement du chèque, le porteur ne reste pas désarmé ; Il peut et doit faire protester.

« L'émission du chèque, même lorsqu'il est tiré d'un
« lieu sur un autre, ne constitue pas, par sa nature,
« un acte de commerce » dit l'article 4 de la loi du 14
juin 1865. « Toutefois, les dispositions du code de
« commerce relatives à la garantie solidaire du tireur
« et des endosseurs, au protêt et à l'exercice de l'ac-
« tion en garantie, en matière de lettre de change,
« sont applicables aux chèques. »

Reste maintenant à examiner si le dépositaire des
fonds ou le tiré est, en ce qui le concerne, en mesure
de faire face au payement.

Nous avons vu qu'entre les mains du tireur le chèque
est la représentation réelle d'une somme déposée ou
d'une créance liquide payable en espèces. A ce point
de vue le chèque mobilise le numéraire comme le
warrant mobilise la marchandise.

Qui possède le chèque détient le numéraire.

Aucun doute, aucune crainte ne seraient donc possibles, si l'argent versé chez le banquier était déposé
dans sa caisse pour être remis *in specie*, c'est-à-dire
en même espèce, nature et quantité, lors de la présentation du chèque, mais il n'en est pas ainsi.

Le banquier fait emploi de la somme à lui confiée,
Toutefois, cet emploi doit être assez temporaire, assez
rapidement réalisable pour qu'il ne se produise jamais
d'embarras lorsqu'il s'agit de réaliser. D'après le
nombre et l'importance des comptes en chèques, le
banquier connaît approximativement le montant de
ses remboursements quotidiens, et il doit, chaque
jour, convertir en numéraire assez de valeurs placées
pour, déduction faite de l'encaisse probable, acquitter
tous les chèques présentés.

Le souscripteur (tireur) et les porteurs sont donc obligés de faire ici confiance au dépositaire, car l'argent est consommé. Ce que vise le chèque, c'est la solvabilité du débiteur qui doit, *à vue*, représenter une somme équivalente à celle qu'il a reçue.

On peut donc dire que jusqu'à un certain point et pris dans ce sens, le chèque est une valeur fiduciaire.

Il ne faut pas s'exagérer le risque résultant du fait du tiré. Les protêts de chèques sont très-peu nombreux, et une maison de banque susceptible d'émettre avec quelque crédit des chèques, ne laisserait pas effectuer un protêt qui pourrait, en raison de la qualité de commerçant du tiré, entraîner une déclaration de faillite.

Du reste la loi met le porteur en garde contre sa propre négligence, en l'obligeant à présenter le chèque dans un délai très-court à partir du jour de sa souscription.

« Le porteur d'un chèque (art. 5 de la loi du 14 juin « 1865) doit en réclamer le payement dans le délai de « *cinq jours*, y compris le jour de la date, si le chèque « est tiré de la place sur laquelle il est payable, et « dans un délai de *huit jours*, y compris le jour de la « date, s'il est tiré d'un autre lieu. »

« Le porteur du chèque qui n'en réclame pas le « payement dans le délai ci-dessus, *perd son recours* « *contre les endosseurs*. Il perd aussi son recours *contre* « *le tireur*, si la provision a péri par le fait du tiré, « après lesdits délais. »

Les délais de cinq et de huit jours ne sont pas assez considérables pour que la position du tiré puisse se modifier profondément. En admettant que tout se soit passé régulièrement lors de la souscription du chèque, il est plus que probable que le mandat sera acquitté dans les délais ci-dessus fixés.

La non-présentation dans les délais légaux n'entraîne pas, d'ailleurs, la nullité du chèque. Seulement, les endosseurs, qui ne sauraient être tenus indéfiniment, se trouvent dégagés.

Le souscripteur reste, lui, toujours incapable de disposer de la somme pour laquelle il a tiré et remis un chèque. La remise l'a dépossédé de l'argent, mais non libéré de la dette. Il est donc conforme aux principes du droit que si le tiré devient insolvable, *après les délais légaux de présentation*, ce soit au préjudice du dernier porteur qui a été négligent.

Il était nécessaire d'entrer avec quelques détails dans les explications qui précèdent pour lever certaines craintes que quelques commerçants et industriels, inexactement renseignés, éprouvent au sujet de l'emploi du chèque.

La manière dont le chèque est utilisé en France écarte d'ailleurs presque tous les risques.

En dehors des chèques dont se servent entre eux les financiers, le public, qui fait usage du chèque, a coutume de s'adresser à un des grands établissements financiers qui reçoivent des comptes de cette nature. Ces établissements sont des sociétés anonymes dont les statuts ont été révisés par le Conseil d'État et approuvés par le Gouvernement. Ces statuts contiennent des dispositions spéciales qui garantissent les intérêts des déposants en comptes courants, en ce sens que ces dépôts ne peuvent pas être supérieurs à une certaine quotité du capital social et de la réserve. Certaines sociétés sont même tenues de faire, des fonds ainsi

2.

déposés, un emploi déterminé en valeurs de tout repos. Aussi les chèques tirés sur ces sociétés ont une grande stabilité, et sont presque aussi sûrs que les billets de la Banque de France.

Si, malgré toutes ces garanties, les chèques laissent encore un doute, il y a un moyen bien simple de faire cesser toute hésitation ; c'est d'en faire reconnaître la sincérité au dépositaire par un visa. Les établissements financiers sont toujours prêts à *viser* les chèques qui leur sont présentés.

Le chèque ainsi visé est de tout repos puisque le visa signifie que le dépositaire reconnaît la créance, et qu'il est prêt à acquitter la somme souscrite.

Dans le cas donc où le tireur suppose, surtout lorsque la somme est un peu forte, qu'il rencontrera quelque difficulté pour écouler le chèque, il est bon, qu'avant sa mise en circulation, il le fasse viser par l'établissement dépositaire.

De cette façon, la signature du tireur devient indiscutable, et *le chèque offre alors toute toute la sécurité d'une lettre de change à vue et acceptée.*

---

§ 5

OBLIGATIONS

DU TIREUR, DES ENDOSSEURS, DU PORTEUR ET DU TIRÉ

Obligations du tireur

Le tireur, ou le souscripteur de l'effet, a comme

première obligation de n'émettre un chèque que s'il y a provision préalable et disponible.

Tout chèque souscrit sans provision est passible d'une amende de 6 0/0 de la somme pour laquelle le chèque est tiré, sans que cette amende puisse être inférieure à 100 fr.

Si le tireur a agi sciemment dans l'intention de frauder les porteurs ou le tiré, la loi réserve en outre l'application des peines correctionnelles (art. 6 de la loi du 19 février 1874).

Le tireur doit souscrire le chèque sur timbre de 0 fr. 10 si le chèque est payable dans la ville d'où il est tiré, et sur timbre de 0 fr. 20 s'il est tiré d'une place sur une autre, quelle que soit d'ailleurs l'importance de la somme pour laquelle il est disposé.

Les chèques de place à place non timbrés au droit de 0 fr. 20 tombent sous l'application des dispositions pénales des articles 4, 5, 6, 7 et 8 de la loi du 5 juin 1850 (voir le texte de cette loi au § 7).

Le tireur doit signer le chèque, y inscrire le lieu d'où il dispose et mettre en toutes lettres, s'il s'agit d'un chèque de place à place, la date du jour où il est tiré.

Le tireur qui n'observe pas ces prescriptions ou qui revêt le chèque d'une fausse date ou d'une fausse énonciation du lieu d'où il est tiré, est passible d'une amende de 6 0/0 sur le montant du chèque ; cette amende ne peut être moindre de 100 fr.

Obligations des endosseurs

Il faut distinguer si le chèque est tiré de France ou hors de France.

Si le chèque est tiré de France, celui qui l'accepte en payement et qui l'endosse, doit s'assurer d'abord que le tireur a bien rempli les obligations ci-dessus rappelées, sans cela, le premier endosseur et le porteur du chèque, au moment du payement, sont soumis aux mêmes amendes que le tireur.

Lorsque le chèque est tiré hors de France *mais payable en France*, si le chèque a été souscrit en pays étranger sur papier non timbré ou sur timbre insuffisant, le bénéficiaire, le premier endosseur, le porteur et le tiré sont tenus, sous peine d'une amende de 6 0[0, de timbrer le chèque, *préalablement à tout usage en France*, au droit de 0 fr.20 par l'application d'un ou de deux timbres mobiles de quittances de 0 fr. 10.

On doit apposer les mêmes timbres, si le chèque, tiré de l'étranger et payable à l'étranger, est endossé en France.

Dans les deux cas qui précédent, faute de timbres suffisants, toutes les personnes qui font en France usage de ces chèques sont solidairement responsables, non-seulement de l'amende proportionnelle de 6 0[0, mais encore des droits de timbre du chèque considéré comme effet de commerce.

La loi du 20 décembre 1872 impose un droit de 0 fr. 50 par 2,000 fr. ou fraction de 2,000 fr., aux effets tirés de l'étranger sur l'étranger et circulant en France.

Quant aux effets de commerce tirés de l'étranger et payables en France, ils sont soumis aux droits de 1 fr. 50 par 1,000 fr., loi du 19 février 1874.

Chaque fois qu'un chèque est tiré de l'étranger, soit pour être payé en France, soit pour être payé à l'étranger, les personnes qui en font usage en France doivent s'assurer que le nom du lieu d'où le chèque est tiré, ainsi que la date de sa souscription, sont sincères et écrites entièrement de la main du tireur.

Enfin, il résulte de l'art. 5 de la loi du 14 juin 1865 que les divers endosseurs du chèque restent solidairement responsables les uns des autres et du tireur pendant cinq jours à partir de la date du chèque, si ce dernier est sur place, et pendant 8 jours de la même date si le chèque est de place à place.

Obligations du porteur

Le porteur du chèque en est, à proprement parler, le bénéficiaire, puisque c'est lui qui le présente à l'encaissement.

Le porteur est soumis à toutes les obligations des endosseurs.

La seule obligation particulière qui lui incombe est celle d'*acquitter* le chèque, et de le *dater* au moment du payement.

Obligations du tiré

Le tiré est le débiteur de la somme déposée. Il a donc autant d'intérêt que le tireur à ce que les conditions, qui rendent valide le titre qui le libère, aient été remplies. Aussi, doit-il, avant d'acquitter le chèque, s'assurer qu'il a été régulièrement tiré, et que les endos ont été bien mis.

Celui qui paye un chèque sans exiger qu'il soit acquitté, est passible, personnellement et sans recours, d'une amende de 50 fr.

Le chèque étant payable à présentation, le tiré ne peut demander aucun délai pour l'acquitter.

Afin de préserver leur encaisse, les grands établissements financiers, qui émettent des chèques, font signer aux déposants, lors de la remise du carnet de chèques, une déclaration par laquelle le titulaire s'engage à ne pas disposer, en une seule fois, au-dessus d'une certaine somme, sans aviser au préalable la société. Cette somme varie entre 10,000 et 25,000 fr.

Quelques personnes ont pensé que cette convention n'était pas valable entre la société et le déposant. C'est une erreur. Tout au plus pourrait-on dire, qu'en présence des termes de la loi, elle ne saurait être opposable au tiers porteur d'un chèque tiré, sans qu'il ait été tenu compte de cette restriction.

Cette clause n'est d'ailleurs qu'une mesure d'extrême prudence que l'on ne saurait blâmer. Elle ne cause en pratique aucune difficulté, car l'usage se généralise de plus en plus de faire viser, pour provision, tout chèque souscrit pour une somme de quelque importance.

----

§ 6

RENSEIGNEMENTS PRATIQUES

ET DOCUMENTS STATISTIQUES

Crédit Foncier

Établissement constitué par décret organique du 28 février 1852. Statuts approuvés par décrets des 30 juillet 1852, 28 juin et 16 août 1859, 7 août 1869.

Capital : **90** millions.

GOUVERNEUR

MM. **Fremy** (L.), G. O ✳. ancien conseiller d'État.

SOUS-GOUVERNEURS

De Soubeyran (le baron), O. ✳.
Leviez, O. ✳.

ADMINISTRATEURS

Baroche (Alphonse), ✳, trésorier général du Calvados.
Bartholony (François), O. ✳, président de la Compagnie du chemin de fer de Paris à Orléans.
De Beauchamp, C. ✳.
Benoist d'Azy (le comte), ✳, ancien président de la Compagnie du chemin de fer de P. L. M.
Boudet, G. ✳.
Dailly, O. ✳, maître de poste à Paris
Dumas, G. ✳, membre de l'Institut, ancien ministre de l'agriculture et du commerce.
A. De Germiny (le comte), ✳, trésorier général de la Seine-Inférieure, régent de la Banque de France.
Guyon, notaire honoraire à Paris.
Josseau, C. ✳.
Magne (Alfred), ✳, ancien trésorier général du Loiret.
Mallet (Charles), ✳, de la maison Mallet frères et Cᵉ.
Muret (Henri), propriétaire-agriculteur.
Pascal (Édouard), propriétaire.
Passy (Louis), avocat, docteur en droit.
Rouland (Gustave), ✳, trésorier général de l'Eure.
Thoureau (Félix), propriétaire.
West, ✳, ancien président de la Compagnie du chemin de fer de Strasbourg à Bâle.
Yver (Julien), notaire honoraire à Paris.

Siége social : rue Neuve-des-Capucines, Paris.

EXTRAIT DU RAPPORT

A l'assemblée générale du 23 avril 1874.

§ 6. — *Dépôts en compte courant.*

L'intérêt de nos comptes courants a été de 3 p. 100 pendant toute l'année.

Le mouvement des dépôts et retraits, pendant le cours de l'année 1873, a été de 413,705,766 fr. 09 cent.

Le nombre des comptes ouverts et fonctionnant régulièrement est de 9,397 fr.

Le nombre des chèques payés a été de 44,020 pour une somme totale de 203,398,017 fr. 81 cent.

Le solde des comptes courants, qui était, au 1er janvier 1873, de 42,766,934 fr. 79 cent., s'est élevé à 48,538,405 fr. 26 cent. au 31 décembre. Il est aujourd'hui (22 avril) de 59,694,924 fr. 35.

Renseignements spéciaux

Le Crédit foncier reçoit des dépôts de capitaux en compte courant. — L'importance du premier versement doit être de 1,000 francs au moins.

L'Administration délivre au déposant :

1° Un carnet pour l'inscription des versements et des retraits de fonds.

Le Crédit foncier inscrit seul les versements sur les carnets à la colonne du crédit (page droite du carnet) ; le titulaire du compte inscrit, de son côté, à la colonne du débit (page gauche du carnet), les sommes qu'il retire ;

2° Un cahier de chèques au porteur pour les retraits.

Les cahiers de chèques fournis par le Crédit foncier sont délivrés tout timbrés.

Les chèques sont payables à vue.

Toutefois, les sommes portées au crédit de chaque compte ne sont disponibles, sans avis, que jusqu'à concurrence de 20,000 fr.

Les personnes qui voudraient retirer de leur compte, en un même jour, par un ou plusieurs chèques, une somme supérieure à 20,000 fr. doivent commencer par rendre cette somme disponible en avertissant l'administration quarante-huit heures avant la création des chèques.

Les sommes retirées ne portent pas intérêt pendant les deux derniers jours.

Les frais relatifs à l'ouverture d'un compte courant sont fixés à 1 fr., et portés d'office au débit du compte, ainsi que le timbre des chèques.

Les comptes sont réglés en principal les 31 mars et 30 septembre ; en principal et intérêts les 30 juin et 31 décembre de chaque année. L'administration adresse à chaque titulaire un avis qui lui fait connaître la situation de son compte à cette époque.

L'intérêt des comptes courants, essentiellement variable, est fixé en ce moment à 2 0[0.

Le montant des comptes courants du Crédit foncier est limité à 80 millions. Ces fonds doivent être employés en versements au Trésor, en escomptes de valeurs de portefeuille ou en avances sur dépôt de titres

---

Crédit Industriel et Commercial

Société anonyme autorisée par décrets des 7 mai 1859 et 17 juillet 1870.

Capital : **60** millions

CONSEIL D'ADMINISTRATION

MM. **d'Audriffret** (le marquis), G. C. ✳. président honoraire de la cour des Comptes, membre de l'Institut, président.

Durrieu (H.), O. ✳, ancien receveur général du Bas-Rhin, vice-président.

ADMINISTRATEURS

MM. **Aubry** (Félix), O. ✳, négociant, ancien juge au tribunal
de commerce de la Seine, ancien membre de la chambre
de commerce.

Baroche (Alphonse), ✳, trésorier-payeur général du dé-
partement du Calvados, administrateur du Crédit foncier
de France.

Benoit-Champy (Gabriel), O. ✳.

De La Bouillerie (J.), ancien ministre de l'agriculture
et du commerce.

Dehaynin (Gabriel), ✳, négociant, administrateur de la
Compagnie du chemin de fer du Nord.

Jacobs (Victor), ancien ministre des finances de Belgique.

Lemercier (le comte A.), ✳, président du conseil d'administration des chemins de fer des Charentes.

Magne (Alfred), ✳, administrateur du Crédit foncier et
du chemin de fer d'Orléans.

Louvet (A.), O. ✳, ancien président du tribunal de commerce de la Seine.

Portalis (le baron), ✳, trésorier-payeur général de Seine-
et-Oise.

Rostand (Albert), ✳, banquier.

Rey de Foresta, O. ✳, administrateur de la Compagnie
du chemin de fer de P. L. M.

Prince Soltykoff.

Thelier (A.), banquier.

West (Gérard), ✳, président du conseil d'administration
de la Société anonyme des mines de la Loire, administrateur du chemin de fer de P. L. M.

Siége social : rue de la Chaussée-d'Antin, 66.

EXTRAIT DU RAPPORT

A l'assemblée générale du 22 avril 1874

Comptes de dépôts

Le nombre de comptes ouverts sur nos livres au 1ᵉʳ janvier 1873, était de.	5.318 »
Il a été ouvert dans le courant de l'année 344 nouveaux comptes. .	344 »
Ensemble. .	5.662 »

A déduire les comptes soldés. . .   351 »

Le nombre des comptes de dépôts.
au 31 décembre 1873, est donc de   5.311 »

C'est à peu près le chiffre de 1872.
Le mouvement des fonds a été, en
1873, de 387.089.723 48
La moyenne des versements jour-
naliers s'est élevée à 631.196 13
Et le stock moyen a été de 21.144.707 61

Comptes de dépôts

Comparaison des exercices 1872 et 1873 d'après les inventaires.

Solde au 31 décembre 1871. 5.516 C^{tos} 15.890.723 24

Du 1er janvier au 30 juin 1872 . . Entrée 221 C^{tos}	405 —	92.175.503 94	204.606.203 »	
Du 1er juillet au 31 décembre 1872 — 184		112.130.699 06		
	5.921 C^{tos}		220.496.926 21	
Du 1er janvier au 30 juin 1872 . . Sortie . . .		84.216.806 34	202.267.516 82	
Du 1er juillet au 31 décembre 1872 — . . .		118.050.710 48		
Comptes fermés. 603				
Solde au 31 décembre. 5.318 C^{tos}			18.229.409 12	
Du 1er janvier au 30 juin 1873 . . Entrée 193 C^{tos}	314 —	101.226.814 87	194.408.408 11	
Du 1er juillet au 31 décembre 1873 — 151		93.181.593 24		
	5.662 C^{tos}		212.637.817 53	
Du 1er janvier au 30 juin 1873 . . Sortie . . .		98.382.823 75	192.681.315 37	
Du 1er juillet au 31 décembre 1873 — . . .		91.298.491 62		
Comptes fermés. 351				
Solde au 31 décembre. 5.311 C^{tos}			19.956.502 16	

Crédit Agricole

Société anonyme autorisée par décret du 16 février 1861

Capital : **40** millions.

GOUVERNEUR

MM. **Fremy** (L.), G. O. ✻, gouverneur du Crédit foncier de France.

SOUS-GOUVERNEURS

De Soubeyran (le baron), O. ✻, sous-gouverneur du Crédit foncier de France.

Leviez, O. ✻, sous-gouverneur du Crédit foncier de France.

ADMINISTRATEURS

Aygues-vives (le comte d'), O. ✻.

Bartholony (François), O. ✻, président de la Compagnie du chemin de fer de Paris à Orléans, administrateur du Crédit foncier de France.

De Beauchamp, C. ✻, administrateur du Crédit foncier de France.

Benoit d'Azy (le comte), ✻, président de la Compagnie du chemin de fer de P. L. M., administrateur du Crédit foncier de France.

Boudet, G. ✻, administrateur du Crédit foncier de France.

Brincard (le baron), ✻, ancien maître de requêtes au conseil d'Etat.

Dailly, O, ✻, maître de poste à Paris, administrateur du Crédit foncier de France.

Dumas, G. ✻, membre de l'Institut, administrateur du Crédit foncier de France.

Guérinet, agent de change honoraire.

Guyon, notaire honoraire, administrateur du Crédit foncier de France.

Josseau, C. ✻, administrateur du Crédit foncier de France.

Leroy-Beaulieu (Adolphe).

Magne (Alfred), ✻, administrateur du Crédit foncier de France.

MM. **Muret** (Henri), propriétaire-agriculteur, administrateur du
  Crédit foncier de France.
  Pascal (Edouard), administrateur du Crédit foncier de
  France.
  Passy (Louis), administrateur du Crédit foncier de France.
  Rouland (Gustave), ✳, trésorier général de l'Eure, admi-
  nistrateur du Crédit foncier de France.
  De Vernou-Bonneuil (le comte Gaston), O, ✳.
  West, ✳, administrateur du Crédit foncier de France et
  de la Compagnie du chemin de fer de P. L. M.

Siége social : rue Neuve-des-Capucines. Paris

EXTRAIT DU RAPPORT

A l'assemblée générale du 25 avril 1874.

Dépôts de fonds avec chèques.

Ces comptes constituent des dépôts remboursables à vue.

Dans le courant de l'année, il nous a été versé 51 millions 1[2 ;
nous avons remboursé 51 millions ; il en résulte que le solde
appartenant aux déposants qui était, au 31 décembre 1872, de
12 millions 1[2, était, au 31 décembre 1873, de 13 millions.

Le nombre des déposants était à la fin de l'exercice de 10,727.

L'intérêt servi pendant l'année a été de 3 p. 100.

Le solde de cette nature de compte est, aujourd'hui 25 avril
1874, de 14 millions.

Renseignements spéciaux

Le Crédit agricole a 12 agences établies à Angou-
lême — Bergerac — Bordeaux — Chatellerault —
Limoges — Lorient — Marseille — Périgueux — Poi-
tiers — Saint-Jean-d'Angély — Toulouse et Troyes.

Art. 2 des Statuts : La Société a pour objet : ....
.....de recevoir des dépôts avec ou sans intérêts sans
pouvoir excéder de deux fois le capital versé.

Société de Dépôts et de Comptes courants

Société anonyme autorisée par décret du 6 juillet 1863

Capital **60** millions de francs

CONSEIL D'ADMINISTRATION

MM. **Donon** (Armand), ✻, Président.
Gauthier (Édouard), ✻, Directeur.
Blavoyer (Arsène).
Boittelle, G. O. ✻. président de la Compagnie d'Orléans à Châlons.
Bussière, (le baron Gustave de), administrateur délégué de la Société financière de Paris.
Bussierre (le vicomte Paul de) ✻, ancien trésorier-payeur général du Haut-Rhin.
Crapelet (Charles), ✻, manufacturier.
Daru (le vicomte Paul), ✻, président de la Société financière de Paris.
Delahante (Gustave), ✻, banquier.
Gros-Hartmann (Édouard), ✻, négociant.
Lachambre (Charles), ✻.
La Rochelambert (le marquis de), ✻, trésorier-payeur général du Loiret.
Levasseur (le baron), ✻, armateur à Rouen.
Maurice-Aubry, de la maison Donon, Aubry, Gauthier et Compagnie.
Nerville (Paul de), trésorier-payeur général de la Somme.
Poisson (Henri), ✻, trésorier-payeur général de la Manche.

Siége social : 2, place de l'Opéra.

EXTRAIT DU RAPPORT

A l'Assemblée générale du 22 avril 1874

COMPTES DE CHÈQUES PAYABLES A VUE

1872 Recettes : fr. 363.099.555 81 Payements : 367.814.632 33
1873   —   393.203.403 14   —   395.107.905 37
En 1873 il a été versé 8.236 comptes, soit 734 de plus qu'en 1872.

L'exemple de l'Angleterre peut donner une idée de l'avenir presqu'indéfini qui est réservé aux banques de dépôts. — Les bilans des Joint-stock de Londres, durant l'exercice 1873, témoignent de leur prodigieux développement. Six de ces établissements avaient recueilli du public, au 31 décembre dernier, la somme énorme de 2 milliards 775 millions qu'ils avaient reversés aux mains des producteurs, par l'escompte du papier de commerce.

Voici le tableau de ces 6 sociétés.

DÉCEMBRE 1873

DATES DE CRÉATION	NOMS	CAPITAL NOMINAL	VERSEMENT de GARANTIE	DIVIDENDE	RÉSERVE	DÉPOTS
		liv. ster.	liv. ster.		liv. ster.	liv. ster.
1834	London et Wesminster Bank.	act. 100 10.000.000	20 2.000.000	24°/.	1.022.780	29.153.325 1.080.921
1835	National Bank..	2.500.000	1.500.000	20°/°	108.000	8.124.625 35.766
»	National Provincial Bank of England......	a. 100 et 20 2.545.520	42 et 12 1.301.902	23°/°	550.000	20.341.908 591.918
1836	London Joint Stock Bank...	act. 50 4.000.000	15 1.200.000	25°/°	137.816	20.627.659
1836	London et County Banking Cᵒ...	act. 50 3.000.000	1.200.000	20°/°	600.000	18.077 868 1.070.306
1839	Union Bank of London.,......	act. 50 4.500.000	15 1.350.000	20°/°	450.000	14.670.352 5.463.957

Société Générale

POUR FAVORISER LE DÉVELOPPEMENT DU COMMERCE
ET DE L'INDUSTRIE EN FRANCE

Société anonyme autorisée par décrets des 4 mai 1864, 25 août 1867
et 13 août 1870
Capital : **120** millions

CONSEIL D'ADMINISTRATION

MM. **Denière**, C. ✳, régent de la Banque de France, Président.
Blount (Edward), C. B., administrateur des chemins de
fer de l'Ouest et de P.-L.-M., Vice-Président,
Brolemann (Georges).
Denion du Pin, O. ✳, administrateur des Messageries
Maritimes et du chemin de fer d'Orléans.
Fère, O. ✳, régent de la Banque de France.
Ganneron (F.), ✳, agent de change honoraire, adminis-
trateur de la Compagnie d'Assurances Générales.
Gros (Aimé), ✳, administrateur du chemin de fer de l'Est.
Kœnigswarter (Maximilien), O. ✳, banquier.
Laurent (Abel), O. ✳, agent de change honoraire, admi-
nistrateur des chemins de fer de l'Ouest.
Le Roux (Alfred), G. O. ✳, président du Conseil d'admi-
nistration des chemins de l'Ouest.
Lhuillier (Charles).
Premsel (B.), banquier.
Talabot (Paulin), C. ✳, directeur général de la Compagnie
des chemins de fer de P.-L.-M.
Wolowski, O. ✳, membre de l'Institut, administrateur
du Crédit Foncier de France.

Siége social : 54, rue de Provence, Paris.

EXTRAIT DU RAPPORT

A l'Assemblée générale du 28 mars 1874

Les comptes de Chèques ont eu, pendant l'année 1873, un mouvement général de 2 milliards 565 millions, et, par jour, un
mouvement moyen de 8.550 000 fr.

Le solde des comptes de chèques qui n'était, le 31 décembre 1872, que de 80.467.000 fr., était le 31 décembre 1873 de 91.008.000 fr., et le 28 février 1874 de 106.476.000 fr.; le solde le plus élevé de 1873 a été de 101.555.000 fr. et le moins élevé de 81.169.000. Les comptes ouverts ont augmenté en nombre de 4.084.

Caisse centrale : 54, rue de Provence.
Bureaux de quartier : A, rue Notre-Dame-des-Victoires, 46. — B, boulevard Malesherbes, 29. — C, rue de Palestro, 5. — D, rue du Bac, 2. — E, rue Saint-Honoré, 221. — F, rue du Temple, 79. — G, boulevard Saint-Germain, 81. — H, boulevard Voltaire, 19. — I, boulevard Saint-Germain, 10. — J, rue du Pont-Neuf, 24. — K, place de Passy, 2. — L, rue de Clichy, 72. — M, boulevard Magenta, 57. — O, place de la Bastille, 3.

Agences dans les départements : Avignon, Bar-le-Duc, Béziers, Blois, Bordeaux, Boulogne-sur-Mer, Caen, Cette, Colmar, Dreux, Fontainebleau, Lille, Limoges, Lyon, Le Mans, Marseille, Montereau, Montpellier, Mulhouse, Nantes, Nîmes, Orléans, Rennes, Rouen, Saint-Etienne, Saint-Germain en Laye, Saint-Malo, Saint-Quentin, Saint-Servan, Sens, Strasbourg, Toulouse, Tours, Versailles.

Agence à Londres, 13, Leadenhall street, E. C.

Société Générale Algérienne

Société anonyme autorisée par décret du 16 octobre 1865

Capital : **25** millions

(1ʳ série de 50.000 actions)

CONSEIL D'ADMINISTRATION

MM. **Fremy** (L.), G. O. ✳, conseiller d'État en service extraordinaire, Gouverneur du Crédit foncier de France et du Crédit agricole, Président.
Talabot (Paulin), C. ✳, directeur général des chemins de fer de P.-L.-M.
Barrot (Frédéric), ✳.

MM. **Blount** (Ed.), ✳, administrateur des chemins de fer de
P.-L.-M.

Chappon.

Denière, O. ✳, président du Conseil d'administration de
la Société générale.

Denion du Pin, ✳, administrateur de la Compagnie des
Services maritimes des Messageries nationales.

De Chabaud Latour (général baron), G. O. ✳, vice-président du Conseil d'administration de la Compagnie des
Docks et Entrepôts du Havre.

De Pourtalès (comte Robert).

De Ruzé, ✳.

De Soubeyran, O. ✳, sous-gouverneur du Crédit foncier
de France et du Crédit agricole.

De Witt (Cornelis), administrateur de la Grand'Combe.

Fère, O. ✳, administrateur de la Société générale.

Hentsh, de la maison Hentsh, Lutscher et Cie, administrateur de la Société générale.

Lacroix Saint-Pierre, O. ✳, administrateur de la Compagnie des Services maritimes des Messageries nationales.

Latimier du Clésieux, O, ✳, administrateur du Crédit
foncier de France et du Crédit agricole.

Leviez (E.), O. ✳, maître des Requêtes en service extraordinaire, sous-gouverneur du Crédit foncier de France et
du Crédit agricole.

Schnapper, banquier, administrateur du Crédit foncier
d'Autriche.

Vernes (Théodore), ✳.

Siége social : 13, rue Neuve-des-Capucines, Paris.

EXTRAIT DU RAPPORT

A l'Assemblée générale du 29 avril 1874

§ 3. — *Dépôts en comptes courants avec chèques*

Solde au 31 décembre 1872.	8.935.215 63
Dépôts en 1873.	77.924.696 96
Ensemble.	86.859.912 59
Retraits en 1873.	76.477.393 06
Solde au 31 décembre 1873.	10.382.519 53

qui se décompose comme suit :

à Paris.	3.005.484 85
à Marseille.	853.737 10
à Alger.	4.430.435 27
à Constantine.	1.090.104 03
à Oran.	1.002.758 28
Total égal.	10 382.519 53

	Dépôts	Retraits
Exercice 1873.	77.924.696 96	76.477.393 06
— 1872.	92.696.724 43	88.900.257 05

Le solde des dépôts en comptes courants

au 31 décembre 1872 était de	8.935.215 63
au 31 décembre 1873 il était de.	10.382.519 53
Augmentation en 1873.	1.447.303 90

Le taux de l'intérêt alloué aux comptes courants de dépôts avec chèques a été à Paris, pendant l'année 1873 de 3 1[2 0[0 pour les comptes à vue et de 4 0[0 pour les payements après 7 jours.

---

§ 7

TEXTE DES LOIS

Loi du 14 Juin 1865

ART. 1. — Le chèque est l'écrit, qui sous la forme d'un mandat de payement, sert au tireur à effectuer le retrait à son profit, ou au profit d'un tiers, de tout ou partie de fonds portés au crédit de son compte chez le tiré, et disponibles.

Il est signé par le tireur et porte la date du jour où il est tiré.

Il ne peut être tiré qu'à vue.

Il peut être souscrit au porteur ou au profit d'une personne dénommée.

Il peut être souscrit à ordre et transmis même par voie d'endossement en blanc.

Art. 2. — Le chèque ne peut être tiré que sur un tiers ayant provision préalable; il est payable à présentation.

Art. 3. — Le chèque peut être tiré d'un lieu sur un autre ou sur la même place.

Art. 4. — L'émission d'un chèque, même lorsqu'il est tiré d'un lieu sur un autre, ne constitue pas, par sa nature, un acte de commerce.

Toutefois les dispositions du Code de commerce relatives à la garantie solidaire du tireur et des endosseurs, au protêt et à l'exercice de l'action en garantie, en matière de lettres de change, sont applicables aux chèques.

Art. 5. — Le porteur d'un chèque doit en réclamer le payement dans le délai de cinq jours, y compris le jour de la date, si le chèque est tiré de la place sur laquelle il est payable, et dans le délai de huit jours, y compris le jour de la date, s'il est tiré d'un autre lieu.

Le porteur d'un chèque qui n'en réclame pas le payement dans les délais ci-dessus perd son recours contre les endosseurs; il perd aussi son recours contre le tireur, si la provision a péri par le fait du tiré, après lesdits délais.

Art. 6. — (Abrogé par la loi du 19 février 1874.)

Art. 7. — (Abrogé par la loi du 23 août 1871.)

Loi du 23 août 1871

Art. 18. — A partir du 1er décembre 1871 sont soumis à un droit de timbre de 0 fr. 10 :

1° Les quittances ou acquits donnés au pied des factures et mémoires, les quittances pures et simples. reçus ou décharges de sommes, titres, valeurs ou objets et généralement tous les titres de quelque nature qu'ils soient, signés ou non signés qui emporteraient libération, reçu ou décharge ;

2° Les chèques tels qu'ils sont définis par la loi du 14 juin 1865, dont l'article 7 est et demeure abrogé.

Le droit est dû pour chaque acte, reçu, décharge ou quittance ; il peut être acquitté par l'apposition d'un timbre mobile, à l'exception toutefois du droit sur les chèques lesquels ne peuvent être remis à celui qui doit en faire usage sans qu'ils aient été préalablement revêtus de l'empreinte du timbre à l'extraordinaire.

Art. 23. — Toute contravention aux dispositions de l'article 18 sera punie d'une amende de 50 francs. L'amende sera due par chaque acte, écrit, quittance. reçu ou décharge, pour lequel le droit de timbre n'aurait pas été acquitté.

––––

Loi du 19 février 1874

Art. — 5. Les dispositions suivantes sont ajoutées à l'article 1er de la loi du 14 juin 1865 :

Le chèque indique le lieu d'où il est émis. La date du jour où il est tiré est inscrite en toutes lettres et de la main de celui qui a écrit le chèque.

Le chèque, même au porteur, est acquitté par celui qui le touche ; l'acquit est daté.

Toutes stipulations entre le tireur, le bénéficiaire ou le tiré, ayant pour objet de rendre le chèque payable autrement qu'à vue et à première réquisition, sont nulles de plein droit.

ART. 6. — L'article 6 de la loi du 14 juin 1865 est abrogé et remplacé par les dispositions suivantes :

Le tireur qui émet un chèque sans date, ou non daté en toutes lettres, s'il s'agit d'un chèque de place à place ; celui qui revêt un chèque d'une fausse date ou d'une fausse énonciation du lieu où il est tiré, est passible d'une amende de 6 0[0 de la somme pour laquelle le chèque est tiré, sans que cette amende puisse être inférieure à cent francs (100 fr.).

La même amende est due personnellement et sans recours, par le premier endosseur ou le porteur d'un chèque sans date ou non daté en toutes lettres, s'il est tiré de place à place, ou portant une date postérieure à l'époque à laquelle il est endossé ou présenté. Cette amende est due, en outre, par celui qui paye ou reçoit en compensation un chèque sans date, ou irrégulièrement daté, ou présenté au payement avant la date d'émission.

Celui qui émet un chèque sans provision préalable et disponible, est passible de la même amende, sans préjudice des peines correctionnelles, s'il y a lieu.

ART. 7. — Celui qui paye un chèque sans exiger qu'il soit acquitté est passible personnellement et sans recours d'une amende de 50 francs.

ART. 8. — *Les chèques de place à place sont assujettis à un droit de timbre fixe de 20 centimes.*

Les chèques sur place continueront à être timbrés à 10 centimes.

Sont applicables aux chèques de place à place non timbrés, conformément au présent article, les dispositions pénales des articles 4, 5, 6, 7 et 8 de la loi du 5 juin 1850.

Le droit de timbre additionnel peut être acquitté au moyen d'un timbre mobile de 10 centimes.

Art. 9. — Toutes les dispositions législatives relatives aux chèques tirés de France sont applicables aux chèques tirés hors de France et payables en France.

Les chèques pourront, avant tout endossement en France, être timbrés avec des timbres mobiles.

Si le chèque tiré hors de France n'a pas été timbré conformément aux dispositions ci-dessus, le bénéficiaire, le premier endosseur, le porteur ou le tiré, sont tenus, sous peine de l'amende de 6 0l0, de le faire timbrer aux droits fixés par l'article précédent, avant tout usage en France.

Si le chèque tiré hors de France n'est pas souscrit conformément aux prescriptions de l'art. 1er de la loi du 14 juin 1865 et de l'art. 5 ci-dessus, il est assujetti aux droits de timbre des effets de commerce. Dans ce cas le bénéficiaire, le premier endosseur, le porteur ou le tiré sont tenus de le faire timbrer, avant tout usage en France, sous peine d'une amende de 6 0l0.

Toutes les parties sont solidaires pour le recouvrement des droits et amendes

Loi du 5 juin 1850

Art. 4. — En cas de contravention aux articles précédents, le souscripteur, l'accepteur, le bénéficiaire ou premier endosseur de l'effet non timbré ou non visé pour timbre, seront passibles chacun d'une amende de six pour cent.

A l'égard des effets compris en l'article 3, outre l'application, s'il y a lieu, du paragraphe précédent, le premier des endosseurs résidant en France, et, à défaut d'endossement en France, le porteur sera passible de l'amende de six pour cent.

Si la contravention ne consiste que dans l'emploi d'un timbre inférieur à celui qui devait être employé, l'amende ne portera que sur la somme pour laquelle le droit de timbre n'aura pas été payé.

Art. 5. — Le porteur d'une lettre de change non timbrée, ou non visée pour timbre, conformément aux articles 1, 2 et 3, n'aura d'action, en cas de non-acceptation, que contre le tireur ; en cas d'acceptation, il aura seulement action contre l'accepteur et contre le tireur, si ce dernier ne justifie pas qu'il y avait provision à l'échéance.

Le porteur de tout autre effet sujet au timbre et non timbré, ou non visé pour timbre, conformément aux mêmes articles, n'aura d'action que contre le souscripteur.

Toutes stipulations contraires seront nulles.

Art. 6. — Les contrevenants seront soumis solidairement au payement du droit du timbre et des amendes prononcées par l'article 4. Le porteur fera l'avance de ce droit et de ces amendes, sauf son recours contre ceux qui en seront passibles. Ce recours s'exercera devant la juridiction compétente pour connaître de l'action en remboursement de l'effet.

ART. 7. — Il est interdit à toutes personnes, à toutes sociétés, à tous établissements publics, d'encaisser ou de faire encaisser pour leur compte ou pour le compte d'autrui, même sans leur acquit, des effets de commerce non timbrés ou non visés pour timbre, sous peine d'une amende de six pour cent du montant des effets encaissés.

ART. 8. — Toute mention ou convention de retour sans frais, soit sur le titre, soit en dehors du titre, sera nulle, si elle est relative à des effets non timbrés ou non visés pour timbre.

———

Loi du 20 décembre 1872

. . . . , ...

ART. 3. — Les effets spécifiés dans l'article 1er de la loi du 5 juin 1851, tirés de l'étranger sur l'étranger et circulant en France, ne seront plus assujettis qu'à un droit de timbre proportionnel fixé à cinquante centimes par deux mille francs ou par fraction de deux mille francs.

Ces effets pourront être valablement timbrés au moyen du timbre mobile en usage en France. Les timbres seront employés à raison de leur quotité seulement et non des sommes qu'ils indiquent.

———

§ 8

JURISPRUDENCE

DÉCISIONS DE LA DIRECTION DE L'ENREGISTREMENT
JUGEMENTS ET ARRÊTS

Nous avons recueilli avec soin les monuments de jurisprudence relatifs à la question des chèques. Afin d'en faciliter l'examen, nous avons classé les décisions judiciaires dans l'ordre méthodique des paragraphes qui composent ce travail. Lorsqu'une décision intéresse à la fois plusieurs paragraphes, il en est fait mention à chaque matière spéciale. De cette façon le lecteur pourra tout à la fois apprécier l'ensemble de la jurisprudence et en faire l'application à tel ou tel cas déterminé.

Iº Définition du Chèque

Le mandat chèque est la seule forme légale du chèque et a seul l'avantage de transférer, au moment même de sa remise par le signataire, la propriété de la somme dont il a pour objet de procurer l'encaissement.

(Jugement du tribunal de commerce de Nantes, 6 juillet 1867. Répertoire de Dalloz, année 1868, troisième partie, p. 46).

Le chèque constitue, non pas un instrument de crédit, mais un titre tiré comme mode de payement sur un tiers ayant provision, et payable à présentation sans acceptation préalable, au moyen de fonds disponibles portés au crédit du tireur. Un effet tiré à échéance déterminée et revêtu d'une acceptation, a les caractères d'un mandat à ordre et non ceux d'un chèque proprement dit.

(Arrêt de la cour de Paris du 11 avril 1870. Dalloz, année 1870, deuxième partie, p. 141).

————

La fabrication et l'usage d'un chèque faux, pour détourner une somme confiée par un tiers à une banque de dépôts, constitue le crime de faux en écriture privée, et non celui de faux en écritures de commerce.

(Cour d'assises du Rhône, 22 novembre 1865. Dalloz, année 1865, cinquième partie, p. 201).

————

Les chèques, n'étant pas des effets à échéance fixe et déterminée, ne sont pas compris, par suite, au nombre des effets de commerce dont l'échéance a été prorogée à l'occasion de la guerre de 1870-1871 avec intérêts à partir du jour de la première échéance. — Les porteurs de chèques ont été seulement, comme les porteurs de traites et de lettres de change à vue, relevés de la déchéance prononcée par l'art. 160 du Code de commerce, ce qui n'implique nullement la reconnaissance du droit aux intérêts pour le temps écoulé depuis le jour indiqué par la loi comme le terme extrême où l'effet aurait dû être représenté au débiteur.

(Jugement du tribunal de commerce de Rouen du 3 juillet 1871, Dalloz, année 1871, troisième partie, p. 72).

Voir ci-dessous : Arrêt de la cour de Paris du 11 avril 1870, relatif aux obligations du tiré, acceptation à tort par un préposé du banquier.

2° Forme du Chèque — Timbre Enregistrement

Pour jouir de l'exemption du timbre établie par la loi du 14 juin 1865, le chèque doit être libellé sous la forme d'un mandat de payement et non d'un reçu ou récépissé ; mais il suffit qu'un billet présenté à l'enregistrement, même à l'occasion d'un protêt, réunisse les caractères extérieurs d'un chèque pour que les agents de l'administration doivent le considérer comme tel sans rechercher s'il ne cacherait pas une lettre de change à vue. C'est seulement au cas où un acte ou jugement aura légalement constaté que l'effet libellé en forme de chèque n'est pas un chèque que les agents de l'administration réclameront les droits et les amendes exigibles.

(Circulaire de la direction générale de l'enregistrement du 6 juillet 1865. Dalloz, année 1865, troisième partie, p. 75).

Les reconnaissances que les trésoriers payeurs généraux délivrent aux particuliers qui déposent des fonds à leurs caisses sont soumises au **timbre de dimension** ; mais le retrait de ces fonds peut être effectué par les déposants à l'aide de chèques *exempts* de timbre.

(Solution de l'enregistrement du 17 décembre 1867. Dalloz, année 1868, troisième partie, p. 73).

Nota. — Depuis les lois des 23 août 1871 et 19 février 1874, les chèques sont soumis à un droit de timbre de 0 fr. 10 et de 0 fr. 20.

Le chèque n'est pas affranchi du droit d'enregistrement (qui est celui de 0 fr. 50 pour 100 francs établi par l'art. 69, § 2 n° 7 de la loi du 22 frimaire an VII pour les effets négociables en général) ; mais ce droit n'atteint que les chèques protestés ou produits en justice.

(Circulaire de la direction générale de l'enregistrement du 6 juillet 1865. Dalloz, année 1865, troisième partie, p. 75).

3° Garanties du Chèque. — Protêt Compétence

Le chèque protesté doit être présenté à l'enregistrement au moins en même temps que le protêt auquel il a donné lieu, et il y a contravention dans le fait d'un huissier de dénoncer le protêt d'un chèque non enregistré.

(Solution de l'administration de l'enregistrement du 17 décembre 1867. Dalloz, année 1868, troisième partie, p. 73).
Voir ci-dessus, à la forme du chèque, la circulaire de l'enregistrement du 6 juillet 1865 deux décisions relatives aux chèques protestés.

Lorsque le payement (d'une facture) a été réglé par la remise, au domicile du vendeur, d'un chèque accepté par celui-ci, mais payable en un autre lieu, ce n'est pas le tribunal du lieu de la remise, mais celui du lieu où le chèque doit être acquitté, qui est compétent pour connaître des contestations élevées à l'occasion du marché

(Arrêt de la cour de Toulouse du 11 mars 1868. Dalloz, année 1868, deuxième partie, p. 81).

4° Obligations du tiré. — Acceptation à tort. — Remboursement à un autre que le destinataire.

Un effet tiré à échéance déterminée, revêtu d'une d'une acceptation, ayant les caractères d'un mandat à ordre, n'oblige pas la Société au nom de laquelle il a été accepté par un préposé exclusivement chargé d'ouvrir dans son bureau des comptes courants de dépôts et de viser les chèques signés par les déposants pour être remboursés dans un autre bureau; un tel droit n'emportant pas celui d'accepter des effets de commerce.

Le porteur du mandat n'a pas d'action en responsabilité contre la Société à raison du fait illicite de son préposé, si la publicité donnée aux statuts de cette Société et à son organisation ne lui permettaient pas de se tromper sur la nullité de l'acceptation de l'effet et, si, d'ailleurs, le titre qui en est revêtu, détaché d'un carnet à chèques, a été l'objet, dans ses énonciations imprimées, de modifications révélant clairement que ces énonciations étaient exclusives du mandat à échéance fixe.

(Arrêt de la cour de Paris, 11 avril 1876. Dalloz, année 1870, deuxième partie, p. 141).

Voir ci-dessus le même arrêt en ce qui touche la définition du chèque.

Le banquier qui, ayant ouvert à un particulier un compte de dépôt portant la signature de celui-ci sans aucune interpellation au prétendu destinataire sur son identité, est responsable, alors que des grattages et surcharges existant sur le titre étaient de nature à éveiller sa défiance, de la perte résultant de ce que le payement a été fait à un autre qu'au véritable destinataire.

(Tribunal de commerce de la Seine, jugement du 10 juillet 1868. Dalloz, année 1868, troisième partie, p. 88).

———

La clause d'un compte courant avec chèque, portant que le titulaire du carnet consent à subir la conséquence de la perte ou de la soustraction des chèques qui le composent, a pour effet d'exonérer le banquier de toute responsabilité, en cas de payement d'un chèque revêtu d'une fausse signature, si ce chèque offre toutes les apparences de sincérité, et si la signature est assez bien imitée pour que le banquier ait pu s'y méprendre.

(Cour de Paris, arrêt du 1er juillet 1870, confirmant un jugement du tribunal de commerce du 13 mars 1869. Dalloz, année 1871, deuxième partie, p. 42).

———

Le banquier, qui ouvre à un client un compte de dépôts avec chèques, peut valablement stipuler que celui-ci supportera toutes les conséquences qui pourraient résulter de la perte ou de la soustraction des formules de reçu à lui remises pour servir au retrait des sommes déposées, à moins que ledit client n'ait prévenu le caissier à temps pour empêcher tout payement irrégulier.

Et une telle stipulation qui doit être réputée avoir été faite en vue du cas où les reçus viendraient à être perdus ou soustraits étant encore en blanc, et où il en serait fait abus à l'aide d'une fausse signature, a pour effet, même dans le cas où le titulaire du compte aurait donné, lors de la convention, sa signature sur une fiche pour servir de moyen de vérification, d'exonérer le banquier de toute responsabilité quant au payement des reçus remplis à l'aide de faux.....; sauf le cas où la signature aurait été grossièrement imitée, et où il y aurait faute lourde dans le fait de l'avoir acceptée comme sérieuse et véritable.

(Tribunal civil de la Seine, jugement du 11 janvier 1870, Dalloz, année 1870, troisième partie, p. 54).

FIN

D. Thiéry et Cⁱᵉ — IMPRIMERIE DE LAGNY.

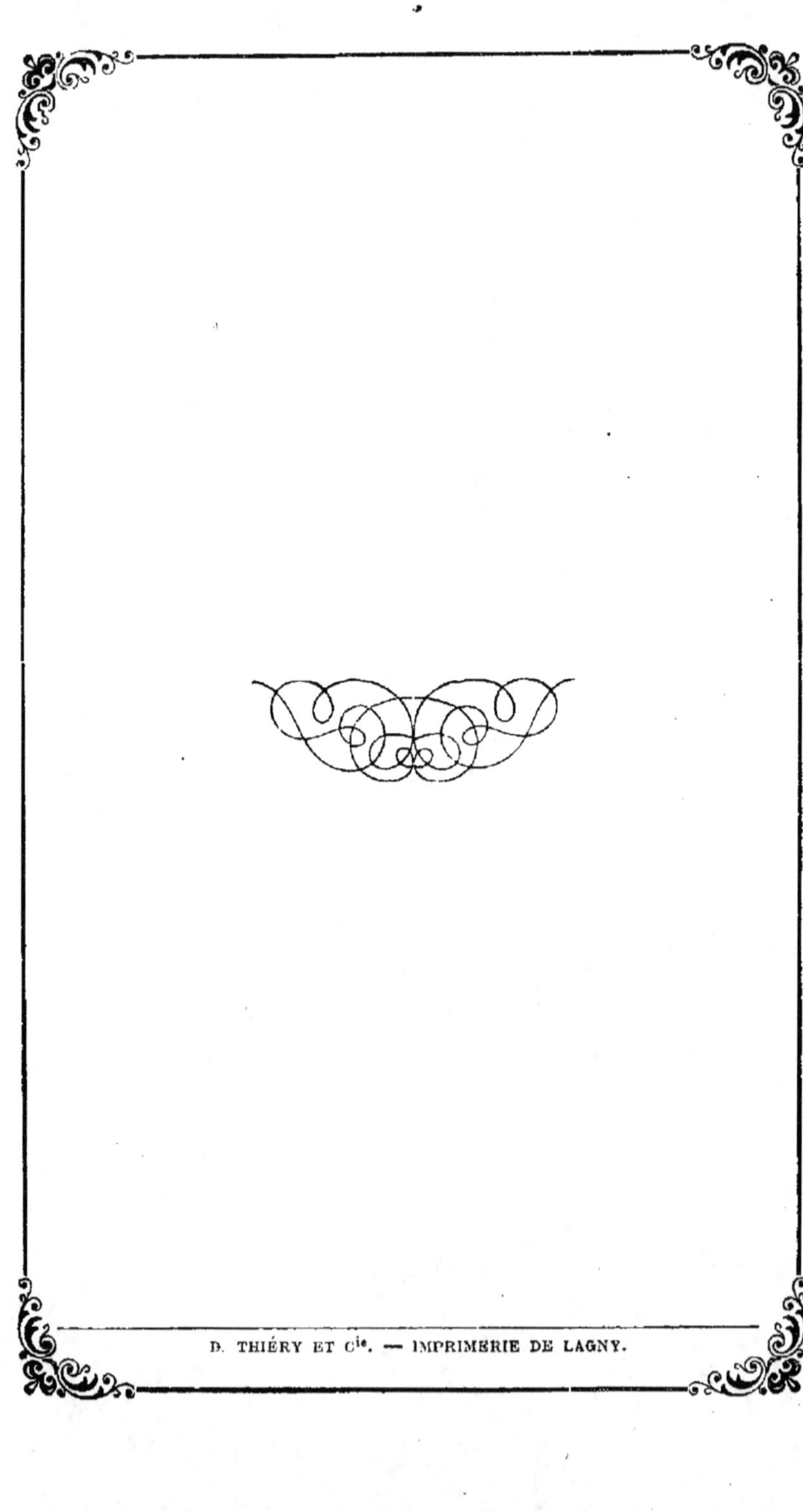

D. THIÉRY ET Cie. — IMPRIMERIE DE LAGNY.